AF607320

D.L. ZA 84-2024

ISBN: 978-84-18885-43-3

http://www.edicionesinvasoras.com

LAS PATRIAS ILUSORIAS

Alberto de Casso

ACTA DEL FALLO DEL JURADO DEL PREMIO NACIONAL DE TEXTOS DRAMÁTICOS "DULCE POR AMARGO" 2023 XIIª EDICIÓN

En Gijón, a las 16:30h. del 13 de marzo de 2024, se reúne el jurado seleccionador del Premio Nacional de Textos Dramáticos "*Dulce por amargo*" en su XIIª edición para fallar el ganador-a de este certamen.

COMPOSICIÓN DEL JURADO

Dª Carmen Belén Jiménez Arribas (Profesora del área de Voz en la ESAD de Asturias. Actriz).

D. Roberto Corte Martínez (Dramaturgo, director de la revista asturiana de teatro *La Ratonera*).

D. Leopoldo García-Pumarino Céspedes (Profesor y Jefe del Departamento de Dramaturgia de la ESAD y dramaturgo).

Una vez analizados cada uno de los textos objeto de valoración y realizada la puesta en común de las preceptivas deliberaciones, se procede a otorgar por mayoría el premio establecido en las bases con el siguiente resultado:

Por su tratamiento paródico de temas de la sociedad actual y nuestra cotidianeidad, con ironía y gracia. Por tratar una denuncia desenfadada y humorística con un poso final de amargura y autocrítica.

LAS PATRIAS ILUSORIAS , de Alberto de Casso Basterrechea

Se acuerda, conforme a las bases establecidas hacer pública el acta el día 18 de marzo.

Finalizada la reunión, se levanta acta con la conformidad de las personas asistentes, siendo las 17:45h. del día 13 de marzo.

Dª Ana Roces Suárez, en calidad de secretaria delegada de estas deliberaciones.

PRÓLOGO A LA PRIMERA EDICIÓN

Nacho Ortega

Las patrias ilusorias es, en palabras del propio Alberto de Casso, una comedia ácida, crítica y airada que nos invita a recorrer paisajes urbanos convertidos en escenarios de una travesía tanto física como emocional y donde dos mujeres argentinas –Ailín y Beatriz– tejen y destejen sus destinos en la España del siglo XXI.

En las entrañas de Madrid, entre los latidos constantes de una ciudad que nunca duerme, donde la vida bulle y las historias se entrelazan en un tapiz de contradicciones, se desenvuelve una historia que brota de las profundidades del alma y de la pugna incesante entre el sueño y la realidad, desnudando las contradicciones de una sociedad que confunde valor con precio, y éxito con apariencia. Y es así como Madrid, una ciudad que parece encerrar secretos en cada esquina, se convierte en un personaje más en esta comedia que palpita con una fuerza casi tangible, una metáfora de la búsqueda constante de sentido y redención.

De este modo nos sumerge en los vibrantes y a veces, sombríos rincones de Carabanchel, un barrio donde la tradición y la modernidad conviven en un abrazo agridulce y que acrisola un mosaico de vidas entrelazadas reflejo de la lucha diaria por la supervivencia y la dignidad y cuyas calles y plazas son testigos silenciosos de innumerables historias no contadas y de los enfrentamientos y reconciliaciones entre nuestras protagonistas.

El cementerio Sur, con su serenidad melancólica, ofrece un contrapunto poético a la frenética actividad de la ciudad, un lugar de silencio y reflexión para las almas inquietas que buscan respuestas. Un lugar donde la muerte y el recuerdo se entrelazan en un abrazo eterno y que, sin pretenderlo, se convierte en receptáculo de la fantasmagoría que supone el pasado y la búsqueda del legado familiar para Ailín, mientras Beatriz se sumerge en sus propias ilusiones de inmortalidad.

El centro comercial Isla Azul, con su brillo superficial y promesas de consumo, es el escenario perfecto para las quimeras de Beatriz. Es un templo moderno del materialismo, donde las ilusiones de riqueza rápida se venden al mejor postor, y donde la tragedia y la comedia se entrelazan en un baile grotesco, mientras Beatriz persigue sus sueños de grandeza y Ailín lucha por mantener su integridad. Luces brillantes y escaparates deslumbrantes que contrastan con las sombras de la desesperación y el engaño, creando un escenario de paradojas y contradicciones.

El faro de Moncloa, con su vista panorámica de la ciudad, representa la distancia y la perspectiva, un faro que guía pero también engaña. Desde sus alturas, Madrid se despliega en toda su complejidad, una ciudad de luces y sombras, de promesas y desengaños. Un lugar desde el cual puede contemplar el propio viaje y las encrucijadas que enfrentamos y donde de nuevo el autor nos enfrenta a la paradoja de que la vista desde el faro, amplia y abarcadora en la búsqueda de claridad y comprensión nos refrende en un mundo confuso y desorientador.

Finalmente, el parque de Madrid Río junto al Manzanares es un espacio de redescubrimiento y serenidad donde, entre sus árboles y senderos, Ailín encuentra momentos de paz y claridad; un respiro en medio del caos. Aquí, en la naturaleza que bordea el río, ella busca y a veces encuentra el sentido de su viaje y su lugar en este nuevo mundo. Un retorno al murmullo del agua y el susurro de las hojas creando una sinfonía de tranquilidad que contrasta con el bullicio de la ciudad, como ofrenda de refugio para las almas perdidas en busca de propósito y pertenencia.

Estos lugares, tan vivos y reconocibles, se convierten en el telón de fondo para la odisea de nuestras protagonistas donde buscan, cada una a su manera, un refugio y es precisamente a través de las desventuras de Beatriz y Ailín, que la obra nos muestra un Madrid lleno de trampas y espejismos, donde las ilusiones se construyen y destruyen con la misma rapidez con la que se intercambian las monedas Y donde se desatan las fantasías de riqueza rápida y sin esfuerzo. Es en estos lugares donde las dos mujeres viven sus enfrentamientos y reconciliaciones, sus fracasos y pequeñas victorias, en una danza constante entre la esperanza y la desesperación.

Las patrias ilusorias no es solo una historia de migración y familia; es una crítica profunda a una sociedad a través de la lucha de Ailín por encontrar su lugar y de los intentos desesperados de Beatriz por mantener una fachada de prosperidad, invitándonos, así, a reflexionar sobre nuestras propias ilusiones y las patrias que construimos en nuestros corazones. En esta comedia agridulce, cada personaje y cada lugar se convierte en un espejo de nuestras propias aspiraciones y frustraciones.

La figura de Beatriz, con su insaciable avaricia y sus delirantes proyectos, representa una sociedad obsesionada con el éxito material, dispuesta a sacrificar todo en nombre de un sueño vacío. Su vida es un perpetuo naufragio en el océano de la codicia y el engaño, arrastrando a Ailín en una espiral de engaños y desilusiones. Beatriz es un reflejo distorsionado de nuestras propias ansias de más, un eco de nuestras propias patrias ilusorias. Su avaricia y desesperación nos confrontan con las sombras de nuestra propia sociedad, donde el valor se mide en cifras y el éxito en apariencias.

Por otro lado, Ailín es una joven idealista, cuyo corazón late al ritmo de una nobleza y generosidad que parecen fuera de lugar en este mundo frenético. Su llegada a Madrid no solo es un viaje físico, sino también una travesía interna, una búsqueda de sentido en un paisaje desconocido y a menudo indiferente. Ailín no es solo una migrante; es una exploradora del alma, una viajera en busca de respuestas en un mundo que parece haber olvidado las preguntas más esenciales. Su lucha por mantener su integridad y encontrar su lugar en esta nueva tierra es una odisea que resuena con la búsqueda universal de propósito y pertenencia.

En última instancia, Las patrias ilusorias nos desafía a mirar de frente nuestras propias ilusiones y a preguntarnos qué estamos dispuestos a sacrificar en nombre de nuestros sueños. Nos invita a buscar, más allá de las fronteras geográficas y las barreras sociales, un lugar al que verdaderamente podamos llamar hogar. En esta comedia agridulce, cada personaje y cada lugar se convierte en un espejo de nuestras propias aspiraciones y frustraciones, desafiándonos a redefinir lo que significa pertenecer, amar y luchar por un futuro que no sea una mera ilusión, sino una realidad tangible y profundamente humana.

Nacho Ortega
Director de la ESAD de Asturias

LAS PATRIAS ILUSORIAS
o cómo entender que tu patria es una comedia.

Antonio Miguel Morales

Me gusta analizar las obras desde el entramado de mediaciones que las sustentan, para subrayar así en ellas las claves de escritura, convencido como estoy de que cualquier acto de comunicación responde a la necesidad de transmitir una experiencia íntima condicionada por la propia visión del mundo, por una experiencia artística a la par que única, transferible y paradójicamente colectiva. Solo la metáfora multiplica los panes y los peces sin necesidad de milagros. Y *Las patrias ilusorias* son un milagro sin necesidad de metáforas.

El argumento de la *Las patrias* es bien sencillo: Ailín, una migrante argentina de ascendencia mapuche, llega a España y se instala en casa de su tía Bea. El objetivo de Ailín es recuperar el dinero que su padre, ya fallecido, prestó a su hermana. Pero este objetivo entra en colisión con la avaricia de su tía, que intenta arrastrarla a los sórdidos negocios que idea y que nos recuerdan –mediación estética plausible– a los relatos picarescos de nuestro Siglo de Oro.

Pero como en todas las obras de altura, percibimos que el argumento, por más atractivo que nos parezca, es tan solo un pretexto (un bello pretexto, eso sí) para mostrarnos la raíz del conflicto que asola a los personajes: un conflicto resuelto en comedia con urdimbres transgresoras, desobedientes e insumisas.

Intentaré, en adelante, acercarme a las claves de escritura de este texto sin desbaratar el sendero de futuras lecturas, trazando la red de mediaciones –según Enrique Banús el teatro es una red paradigmática de mediaciones– que percibí al adentrarme en el texto, centrándome en las generalidades, para así llegar al territorio de lo concreto.

Las patrias ilusorias nace de una determinada cosmovisión, que lleva implícita una forma de relacionarse con el entorno en sus distintos planos: político, social, afectivo, estético... Es aquí donde entran en juego las distintas mediaciones de las que ya he adelantado algo y que intervienen en el plano de creación de esta obra. Pero

¿a qué mediaciones me refiero? Fundamentalmente a las que nacen en el terreno histórico, psicosocial y estético, y que se convierten en suelo perfecto para levantar una comedia sin complejos que aspira a ser espejo de contemporaneidad, sin renunciar al estallido subversivo y liberador de la risa, que puede mover a los espectadores y a los lectores hacia la compasión, entendida literalmente como génesis de empatía y de sufrimiento compartido.

Ni más ni menos.

¿Es posible encontrar este entramado de mediaciones en un texto cómico, anclado en el mundo-*lumpen* de "los peores" (más adelante concretaré este término), de los apátridas, de los ninguneados, de los nadie? ¿Es posible hacer teatro social desde la comedia? ¿Qué mecanismos utiliza el autor para poner en juego el andamiaje de su artefacto, para que funcione como un reloj?

Vamos a entrar en faena.

Desde la mediación psicosocial, en la obra de Alberto de Casso destacamos el acercamiento a la temática de las migraciones contemporáneas, una aproximación descarnada que lleva implícita una crítica rotunda a la política europea de fronteras: especial mención merece la escena de la llegada a España de Ailin, que se desarrolla en un aeropuerto infame, ese no-lugar de naturaleza fronteriza y liminal por excelencia.

Y creo que es aquí donde nos topamos de bruces con uno de los nudos gordianos que sustentan el peso reflexivo de la honda comedia que ha tramado Alberto: la ilusión de la patria, ese espejismo que opaca toda esperanza y deja al pairo a Ailin, desnuda ante la mirada clasista del patriota español, ejemplificado en un guardia de seguridad que percibe al migrante como intruso en su hedionda madriguera rojigualda y que por descontado no está dispuesto a ceder ni una porción –rata inmunda– de su miserable queso.

Frente a Aillín, su tía Bea, atraída por el canto de sirenas del capitalismo, sufre un proceso de españolización que a mi parecer guarda ciertas similitudes con la animalización esperpéntica inspirada en Valle, autor que Alberto reconoce como maestro: su codicia la vuelve un ave de rapiña que campa a sus anchas sobre los restos de los náufragos (también migrantes en su mayoría), a los que alquila nichos olvidados con inmisericorde cicatería.

Por otro lado, la descripción de un pretendiente de Ailín, director de un gimnasio, como persona con "aliento de hiena solitaria", también remite a este círculo de influencias.

En otro orden de cosas, nos gustaría destacar (con subrayadores que a poder ser no sean rojigualdas) que *Las patrias ilusorias* se yerguen como agujas afiladas inscritas dentro de unas circunstancias históricas bien determinadas: la existencia de niveles de desarrollo económico de enorme desigualdad entre el primer y el tercer mundo, y la abundancia de flujos migratorios, sin que nadie parezca estar dispuesto a tender puentes entre ambas realidades.

Además, el presente histórico más inmediato nos habla de un puente que sí se ha tendido y que resuena en la obra como una estentórea campanada de actualidad: el viaje de Milei a España y su encuentro con Abascal como síntesis del único amor que ambos profesan: el amor al odio más cerril ejemplificado en el abrazo patriota entre dos acomplejados con ilusiones neofascistas.

¿Es posible percibir este panorama desolador guarecidos bajo el paraguas amable de la comedia? Preguntaría más. ¿Es posible que el drama de las migraciones contemporáneas y del hostigamiento neoliberal a los migrantes pueda resonar amparado entre risas liberadoras?

La mediación estética hace posible el acercamiento, vertiginoso casi, al acantilado de la comedia. ¿Por qué hablo de acantilados? Imaginemos una historia: un turista se acerca a un despeñadero; el vacío al que se asoma es infinito en su magnánima belleza, y al mismo tiempo lo invita a saltar, rehuyendo todos los peligros. Resuenan en mí ahora mismo unas palabras de Milan Kundera (cito de memoria): el vértigo no es el miedo a caer, sino la necesidad de la caída. Como lector (y como autor) imagino que Alberto es el turista que se asoma a ese precipicio hostil donde el miedo al otro, al extranjero, nos convierte en seres desalmados y enfurecidos. Y percibo en él una intuición artística: no puedo contar, esta vez no, sin reírme del drama para contar el drama, no voy a renunciar a mi ser cómico por más tragedia que se divise ante el vacío pertinaz...

Qué genialidad la de Alberto. Y qué regalo. *Las patrias ilusorias,* desde el mismo título, nos remite a una comedia templada, aludiendo este término controversialmente a la descripción de un género, el cómico, que el sabio de las cavernas condenaba por perseguir la risa, y que, por tanto, iba en contra de su ideal de templanza.

Alberto de Casso no persigue la risa catártica (al menos, no tan solo la risa catártica) sino que también equilibra su solidez dramática con elementos que transgreden lo puramente cómico y nos convierten en espectadores, en lectores, de un azogue luminoso que da fe de algunos de los conflictos más lacerantes del ser contemporáneo.

La comedia que hila Alberto se erige, utilizando ahora terminología aristotélica, como retrato de los "peores" a los que aludíamos al principio, entendiendo el adjetivo no como una mal intencionada adscripción al territorio de la ética o de la moral, sino más bien como un rango social que sitúa a las protagonistas al otro lado de la opulencia y del reconocimiento público.

Y por ahora, paro de contar. Entren en este universo transgresor donde las banderas nos hablan de la ausencia de las patrias cuando más se las necesita. Y quizás después de entrar entiendan que la risa puede convertirse en el antídoto más eficaz contra la mordida venenosa de los fantasmas contemporáneos.

Quizás nuestra patria verdadera sea una comedia.

Solo quizás.

LAS PATRIAS ILUSORIAS

UNAS PALABRAS PRELIMINARES

Las patrias ilusorias es una comedia ácida, crítica y airada que está ambientada en lugares muy reconocibles de la ciudad de Madrid y no demasiado explotados en el teatro actual, el barrio de Carabanchel, el cementerio Sur, el centro comercial Isla Azul, el faro de Moncloa, el parque de Madrid Río junto al Manzanares y está protagonizada por dos mujeres de nacionalidad argentina con actitudes radicalmente opuestas y antagónicas para sobrevivir en la España hostil y no siempre abierta y receptiva del siglo XXI.

Ailín es una migrante argentina y nieta de indio mapuche que llega a España por sorpresa y se instala en la modesta vivienda de su tía Bea. Durante mucho tiempo el padre de Ailín, ya fallecido, ha prestado mucho dinero a la tía y ella lo ha malbaratado en operaciones piramidales y en otros negocios ruines y ruinosos. Enseguida se producen fuertes tensiones entre tía y sobrina debido a la actitud manipuladora y codiciosa de la primera y por negarse a saldar la deuda contraída.

La obra nos habla de dos mujeres argentinas, de diferente edad y mentalidad, que por circunstancias económicas se instalan en la ciudad de Madrid. La tía Beatriz es una mujer avara, codiciosa y materialista, pero muy poco práctica, y quiere hacer dinero fácil metiéndose en negocios insensatos e inversiones piramidales y arrastra a su sobrina en sus quiméricos y alucinantes proyectos e increíbles estafas para enriquecerse y que forman parte de un catálogo no escrito de la moderna picaresca. Ailín más idealista, noble y generosa trata con gran dificultad de poner freno a los desenfrenados impulsos materialistas y megalómanos de su tía y de encontrar un sentido existencial a su viaje a España.

PERSONAJES

AILÍN
TÍA BEA

La acción en lugares muy reconocibles de la ciudad de Madrid. Época actual.

Primera Escena

Aeropuerto de Barajas. Terminal 4. Control de pasaportes. Una mujer joven y nerviosa sostiene su pasaporte con la cara tiesa y una mueca rígida frente a la cabina del policía nacional que escruta su rostro durante cinco minutos hasta que sus rasgos se relajan en una sonrisa expansiva. Se levanta las gafas de sol primero, luego se las baja en el puente de la nariz, y después se las quita ante una orden mínima y seca del policía. Parpadea. Y luego mira con fresco desembarazo al policía aduanero y después reacciona con inesperada timidez. Lleva una maleta pequeña con un lazo rosa y una bandera cubana y una pegatina del Che Guevara. Se deshace sus dos trencitas pueriles, mira coqueta al policía del control y se aparta a un lado a una orden de este. El monólogo reproduce en parte sus pensamientos. De forma simultánea, Tía Bea en el cementerio sur de Madrid camina entre las tumbas mirándolas con mucha atención y haciendo fotos. Habla por teléfono con su segundo móvil.

Primera Escena y segunda escena. Monólogos cruzados.

AILÍN
Casi una hora de mierda sin movernos de la cola de pasaportes, los parias de turno: un ecuatoriano silencioso y sumiso que me recuerda a mi abuelo, una negra grande de Senegal de ojos brillantes e inquietos, y cuatro marroquíes que murmuran en árabe una plegaria de quejas áridas, más otros cuantos migrantes del culo del mundo. Los comunitarios: españoles, franceses, italianos, alemanes, pasaron sin sentir como si les hubieran tocado los primeros números de la rifa.

TÍA BEA

Te he llamado como un millón de veces, Alfredo. ¿Dónde estás? Hace más de media hora que estoy deambulando por aquí como un zombie de serie B. Y ya sabes dónde estoy. No, no quiero hacerme la misteriosa. Estoy en el cementerio. Habíamos quedado en la entrada principal. Pero como te demoraste. Y había un vigilante que no paraba de mirarme. Descuida. Estoy en la parte sur del cementerio sur.

AILÍN

Y cuando me dejen pasar de una vez será mejor que no me mire mucho la cara, agente, porque en la foto esa del pasaporte, no se me conoce, y estoy con gesto de perro apaleado. Con cara como de medio tarada. *(Pausa.)* ¿Me copia? Y vengo a conocer mis supuestas raíces españolas y a ajustar las cuentas a mi tía Beatriz. Mi papá y mi abuelo materno eran de acá. De un pueblito gallego y espero que todavía esté en el mapa. Mi papá laburaba de empleado en una estación de servicio en Buenos Aires y lo metieron preso por estafa y se murió de un infarto masivo. Allá en la Argentina todo está inflado. Hasta los infartos. Un día, pibe, me invitás a unas birras en un boliche de Lavapiés y yo te cuento mi vida allá en Buenos Aires y te como a mordiscos esos ojos de miel.

TÍA BEA

Por aquí hay varios nichos con aspecto muy abandonado. E incluso he visto dos mausoleos que son una verdadera monada. Sí son muy antiguos. Las letras están borradas o se han caído. No creo que nadie los reclame. Ni los enterradores deben acercarse por aquí. Incluso hay una familia de rumanos que están de picnic dominical asando un lechón o un difunto fresco. Están friendo carne en mitad de una tumba y nadie les dice nada. Unos parecen vivir en un panteón. Podemos echarles o denunciarles, y podríamos alquilar cuatro o cinco nichos.

AILÍN

¿Es que hay algún problema con mi cara, gil, y la de los veinte viajeros que tengo delante y los otros veinte que tengo detrás? ¿Que si hay algún problema? ¿Por qué entonces nos mirás a todos con cara de sospechosos como si lleváramos un kilo de merca dentro del vientre? Estudié periodismo y me gustaría en España terminar de formarme. ¿Ya puedo pasar? Como me dejó para la última en la fila. Si usted me pone el sello, ya salgo a tomar el aire madrileño, que pasé una noche de mierda.

TÍA BEA

A tres mil euros por nicho nos sacamos un buen pastón. No, no pasará lo que la otra vez. La viuda estaba viva todavía. Pero estos nichos son de los años cuarenta. Como mucho vivirá algún hijo. Pero ya nadie visita a sus muertos, como mucho le ponen una foto sonriente en Facebook color sepia y listo. Fijo que han efectuado el traslado de restos. Nadie se dará cuenta de que el chalet póstumo está free. Si no lo hacemos nosotros, seguro que algún desalmado sinvergüenza se nos adelanta.

AILÍN

Llevaba al lado a un gallego gordo y asqueroso y el muy forro se apoyaba en mis tetas como almohada anatómica. Y, si es tan amable, me indica la salida, no sea que me equivoque, y regrese a la Argentina que se está cayendo a pedazos, y también, por favor... dónde encontrar un teléfono. Y no. No llevo celular. Pensaba comprarme uno acá, que seguro que me dan más garantías. ¿Yo? Lo tiene ahí en el pasaporte. Como para que se lo aprenda de memoria. Me llamo Ailín, un nombre mapuche. Sí ahí tenemos todavía indios como nos dicen ustedes. Ustedes dejaron algunos vivos. Quedan unos cientos de miles. No, no llevan plumas. Muchos usan saco y hasta algunos trabajan de policía aduanero. Ailín significa claro y trasparente como el agua. Porque yo, agente, digo todo lo que se me pasa por la cabeza. Ya me lo decía mi papa cuando era pequeña. Ailín una cosa es lo que se piensa y otra es lo que se dice. El feo no quiere que le digan feo y el tonto no quiere que le digan tonto y al poderoso pelotudo que abusa de su autoridad no quiere... Y esto, que conste, que no lo digo por... Sí, Ailín, es mi nombre de pila. Ailín Guevara Fidelia. No son apellidos. Los tres son nombres de pila bautismal.

TÍA BEA

Es un negocio redondo y seguro, ahora que no nos va tan bien con las inversiones piramidales. Aunque espero que las retomemos pronto, Alfredo. Eso siempre hay que priorizarlo. Como siempre. A un setenta por ciento yo y treinta por ciento tú. Porque yo arriesgo mucho más que tú. Yo soy quien doy la cara, Alfredo. La otra vez, la familia de Melilla dueña del nicho apareció, y casi me linchan. Tú solo falsificas cuatro papeles y ya está. Pero la que está al frente del barco siempre soy yo.

AILÍN

Mi papá era un gran admirador de Ernesto y de Fidel. Yo los llevo tatuados a los dos en la panza debajo del ombligo y así la barba les sale gratis. ¡¡Repiola mis dos tatuajes eh, agente!! En cambio nunca me tatuaría a un familiar o a un ser querido. Un novio que tuve se tatuó mi nombre a la altura de su corazón y ahora se lo debe estar borrando con lija y lavandina el muy boludo. Y mira que se lo recontraavisé. Que el amor suele durar bastante menos que los tatuajes. Obvio. Los tatuajes te los llevás a la tumba y el amor dura un suspiro.

TÍA BEA

Desde luego este panteón es una monada. Si tiene un angelito con espadón y todo. Y te mira el angelito que parece que dice cómeme chati. Si conseguimos que se vayan la familia de rumanos, lo podemos adjudicar a un precio de salida de 12.000 euros. Con esto pagas el alquiler de un año de tu gimnasio. No te retrases más y te muestro los nichos que he encontrado. Voy a hacerles algunas fotos y ahora te las mando. Y ven pronto, que ya los niños rumanos estos me quieren vender anillos de difuntos y los padres me miran con cara de muy mala leche. E igual me invitan a cenar el difunto crudo con ellos. Alfredo... ¿me oyes?

AILÍN
Gracias, agente, y si un día me lo encuentro en el barrio de Lavapiés, me invita a una cerveza y a un pincho de tortilla y le cuento de mi puto país del orto y de cómo cuando uno entra en el super y va a pagar a la caja el papel higiénico cuesta el triple. Chao y que usted la pase bien poniendo sellos y mirando fijamente a los ojos a los viajeros sospechosos. Ah, y no le haga caso al color de la piel, agente. Porque hay cada blanco que es un mafioso impenitente que seguro que lleva todo el pecho y los brazos untados del polvo blanco ese. ¿Cómo que me quede ahí parada otra vez? ¿Y por qué me van a llevar al cuarto ese de sospechosos a interrogarme? Si yo pensaba, que ya éramos socios, y que nos teníamos confianza de hermanos. Agente lindo, flaco, asere, ¿por qué me retiene otra vez aquí como si fuera la sobrina de Bin Laden? ¿No me subirán al avión de regreso a Buenos Aires con lo que me costó reunir la asquerosa plata para venir por fin a la Madre Patria?

Escena segunda

Ailín mira por la ventana entre triste y absorta. Es una casa de 20 metros cuadrados con una ventana alta y rodeada de bloques de ladrillo feos en Carabanchel Bajo. Tía Bea luce una pulsera rojigualda y patriótica y dos o tres broches con la bandera española. Le pone la mano en el hombro y la retira rápido ante el gesto frío de Ailín.

TÍA BEA: ¿Lindas vistas eh?

AILÍN: No es que se vea mucho. Solo tejados con un gato muerto. ¿Y ese muro?

TÍA BEA: Es la tapia del cementerio. Del cementerio sur. Precioso. Por la tarde damos un paseo y te enseño el cementerio sur de Madrid. Es un verdadero filón.

AILÍN: ¿El cementerio sur? ¿Ese será el cementerio de los pobres, imagino?

TÍA BEA: Bueno, aquí enterrarse a uno le sale por la friolera de 6.000 euros y eso un entierro de segunda en nicho alto y sin epitafio ni responso.

AILÍN: De momento no tengo intención de morirme, tía Bea.

TÍA BEA: Mira, mejor, que no me llames así. *(Pausa.)* Ahora me llamo... me llamo en lugar de Bea que rima con fea y con... , Beatricce en italiano o mejor y según para quién, Letizia... con zeta española que aquí les suena mucho mejor que nuestras eses babosas.

AILÍN: *(Cínica.)* ¿Que te cambiaste el nombre, tía Bea? Pero, cómo pudiste... si llevas más de cincuenta y cinco años llamándote *Beatris* sin zeta española y con b de baronesa.

TÍA BEA: Me hacía falta un nombre con prestigio real. Aquí la gente es muy ignorante. Y además que soy tocaya de quien tú *(Gesto ostentoso de llevar una corona.)* ya sabes... Y tampoco creo que tú quieras que te llamemos:

Ailín Guevara Fidelia, ese nombre tan populachero. Hoy El Che y Fidel no lo conocen ni los zurditos piojosos de aquí. ¿Todavía conservas los tatuajes por cierto?

AILÍN: *(Se levanta la blusa para mostrarlos.)* Sí y a mucha honra y hasta que me muera.

TÍA BEA: Qué mal gusto. No hace falta que me los enseñes. Llevar a Fidel y al Ché tatuados en el ombligo encima de la cotorra. Y con la barba que les sale de propina. Seguro que todo eso es una mala influencia de tu novio cubano el mulato ese. ¿Todavía siguen juntos?

AILÍN: Más o menos. Y las cosas están muy feas por allá. A un amigo lo detuvieron por llevar una camisa que decía *Yo de mayor quiero ser extranjero*. Yo no sé vos, pero yo si tengo asumido mi origen indígena.

TÍA BEA: Yo de india no tengo ni el blanco de los ojos ni las uñas de los pies.

AILÍN: El abuelo paterno tuyo, mi bisabuelo, se casó con una mapuche. ¿No me lo vas a negar? Y lo llevamos en la sangre, en el nombre y en la forma de los ojos.

TÍA BEA: ¿De dónde has sacado esa leyenda fantasiosa, niña? Ninguna tenemos herencia de los indios mapuches. Los extinguieron los españoles con sus enfermedades venéreas.

AILÍN: Tía. En Argentina hay 200.000 mil aborígenes reconocidos por ellos y varios viven en la ciudad de Buenos Aires. Hice además un reportaje en la Universidad...

TÍA BEA: *(Le interrumpe.)* Ya me sé esa historia tan vieja y tan deprimente. ¿Y por qué te ha dado por venir ahora a la madre patria y encima sin avisar?

AILÍN: *(Venenosa y con falsa adulación.)* ¡¡¡¡Para darte una linda sorpresa, tía Bea!!!!

TÍA BEA: Y a mis edades, sorpresas, las justas. Que me puede dar un infarto como quien tú ya sabes. ¿Y cómo está tu madre? La que se arrejuntó con el muerto de hambre de tu padre, que en paz descanse, si es que en el infierno te dejan descansar.

AILÍN: Me pareció que en este barrio a desmano de Dios y del mundo, no hay muchos empresarios de alto poder adquisitivo caminando por la calle.

TÍA BEA: Un barrio castizo, modesto y patriótico. Te fijaste que los balcones están llenos de banderas españolas. Esta tarde voy al chino y compro una para colgarla, aunque no sé muy bien dónde, porque no tengo balcón, pero aunque sea del ventano de la toilette que da al patio. Aunque ahí no la vea nadie y termine oliendo a sorete de pobre.

AILÍN: Acá en este barrio hay más indios que en todo Buenos Aires. Habrás recuperado tus raíces genuinas, tía.

TÍA BEA: Hay algunos peruanos, bolivianos y ecuatorianos. Si no es porque los fines de semana se ponen de cerveza hasta el alma... Unos pobres desgraciados. Como esta calle se llama calle del Euro, se ve que les gusta vivir aquí apiñados.

AILÍN: Y... me sometieron a una inspección ocular tus vecinos indígenas, que se quemaron los ojos. ¿Así que se llama Calle del Euro? *(Pausa.)* ¿En singular? Qué lástima.

TÍA BEA: Sí, Calle del Euro. Se les terminaron los nombres históricos y los viejos de Franco ya no se pueden poner. Por lo visto. ¿Te pregunté por tu madre?

AILÍN: ¿Tu hermana te referís?

TÍA BEA: ¿No ha sido capaz de mandar una carta, chocolatitos de Bariloche, unas medialunas, unos alfajores, un perfume, algún detalle especial?

AILÍN: Los muertos no escriben cartas ni hacen regalos ni menos regalan perfumes.

TÍA BEA: ¿Cómo... ? ¿Es que tu madre ha pasado a mejor vida... ?

AILÍN: Vos sos la que decías que ella es como si estuviera muerta para vos.

TÍA BEA: Es una forma de hablar. Si lo decía, lo decía en plan bien.

AILÍN: La forma de hablar, importa. Las palabras importan.

TÍA BEA: Lo que importan son los hechos. Las palabras no hacen daño. Las palabras no matan.

AILÍN: Que se lo digan a los que están delante de un pelotón de fusilamiento. Si las palabras no matan. Sobre todo cuando el milico ordena: Disparen. Apunten. Fuego.

TÍA BEA: ¿Será al revés? ¿Cómo van a disparar y después apuntar?

AILÍN: Y sí, mamita, pasó a mejor vida, porque se ajuntó con un empresario chileno muy emprendedor y se fue a vivir a Santiago de Chile. Y ahí abrieron un negocio.

TÍA BEA: ¿Hablás en serio? ¿Qué negocio abrieron?

AILÍN: No sé qué decirte. Y... no me interesé en preguntar.

TÍA BEA: ¿No te molestaste en preguntar? ¿No sabés en que trabaja tu propia madre? Igual es banquera o armadora de buques o narcotraficante y gana una millonada. Y tendrías allí la vida resuelta y no hubieras necesitado emigrar.

AILÍN: Tía Bea-Leti-zia tengo un hambre bárbara. Con el mareo y el estrés no comí nada en el avión. ¿Podemos preparar algo de almuerzo?

TÍA BEA: Es que no te esperaba Ailín Guevara Fidelia. Y no tengo gran cosa en la nevera.

AILÍN: Sí, ya me asomé, y solo había dos tristes tomates con moho y una lata de atún oxidada. ¿Así que nunca cocinás en la casa tía Bea-tizia?

TÍA BEA: No tengo tiempo. Con tanto trabajo como me dan mis negocios.

AILÍN: ¿Y cuáles son esos negocios que no te dejan ni diez minutos para hacerte una ensalada?

TÍA BEA: Unos negocios fantásticos. Es largo de contar. Mejor que hoy te instales y ya poco a poco... te voy poniendo al día... Mira este es Alfredo, mi socio. Esta noche te lo presento.

AILÍN: Mejor otro día. Tiene cara de sapo depresivo. Y si te iba tan bien en los negocios acá en España... Esos negocios que estás haciendo con la plata que te mandábamos cada dos meses, ¿por qué no nos dejaste ni una pequeña, ni una mísera, ni una ruin participación, tía Bea?

TÍA BEA: Tampoco es que me mandarais tanto. Fue algo más bien simbólico.

AILÍN: Quinientos dólares cada dos meses, durante cinco años, 3.000 dólares al año, 15.000 dólares en cinco años. Eso es mucho para enviarlo desde Buenos Aires. Es más de tres veces mi salario de allá. Aunque aquí sea lo que cueste un entierro en una tumba rota, hecha mierda y sin flores.

TÍA BEA: Todo eso se lo voy a devolver a ustedes con intereses triplicados.

AILÍN: Bueno, hasta el momento no vimos ni un sope. Ni siquiera, por el cumpleaños de mamá, o de mi hermana, o por el mío, que para eso soy tu ahijada.

TÍA BEA: Vos sabés muy bien de dónde salía ese dinero. Del indio barriobajero y corrupto de tu padre que se hacía de oro en el mercado negro con la nafta de su establecimiento.

AILÍN: ¿Y qué importa de dónde salía la guita? Si casi todo terminó en tus manos.

TÍA BEA: ¿Estás de broma? Has venido a hacerme la guerra y no llevás ni dos horas en España. ¿Por qué no le pides a tu mami que te ayude con su negocio tan boyante?

AILÍN: Vine acá a reclamar lo que es mío, lo que es de mi mamá, lo que te mandó mi papá sí, ese indio ...

TÍA BEA: Tu madre ya resolvió su vida calentándole la entrepierna a un empresario chileno. Y tu padre se robó todo ese dinero y mucho más, muchísimo más, del establecimiento en la que trabajaba, hasta... que le cerraron la canilla.

AILÍN: Hasta que lo metieron preso y le estalló el corazón, entre otras cosas, por mantener a su feliz cuñada, con una vida de lujo y despilfarro. No vuelvas a hablar así de él.

TÍA BEA: ¡¡¡Qué vida de lujo!!! ¡¡¡Jaaa!!! ¿¡¡¡Qué despilfarro!!!? Mirá mi casa. Veinte metros cuadrados. Tiene el tamaño de nuestro baño en nuestra casa de allá en Buenos Aires. Mirá cómo visto. Como una mendiga. Mirá en la heladera. ¿Ya metiste tus narices en ella? No hay ni un poco de leche ni gaseosa para ofrecerte. Mirá el barrio en el que vivo. Lleno de muertos de hambre y con vistas al cementerio del Sur. Pronto tendré que ir a profanar tumbas y robar muelas de oro para poder mantenerme.

AILÍN: ¿Qué hiciste con esos 15.000 dólares que te mandamos, tía Bea? ¿Te compraste un entierro de lujo con responso y ataúd anatómico por anticipado?

TÍA BEA: ¿Por qué me miras con esa cara de rata rabiosa? *(Pausa. Ailín le sostiene la mirada desafiante, brava y enconada.)* Ya te dije. Los invertí.

AILÍN: ¿En qué lo invertiste, tía Bea? ¿En qué invertiste nuestros 15.000 dólares?

TÍA BEA: En un círculo de plata... En una operación piramidal.

AILÍN: ¿Y dónde está la plata de ese círculo de mierda?

TÍA BEA: Era un invento, un mal invento, una estafa para idiotas codiciosos, un timo para boludos. Lo he perdido todo. Hasta mi alianza matrimonial. Pero saldremos de esta en una nueva operación como el ave Fénix. Deja que te cuente.

Escena tercera

En una zapatería en la gran superficie de Isla Azul.

TÍA BEA: Esas sandalias te quedan monísimas.

AILÍN: ¿Monísimas? Ya hablas como una española pija y arraigada, tía Le-ti-zia segunda de España. Y hasta... hasta estás perdiendo el acento argentino.

TÍA BEA: Es que con tanto *seseo*, me escupía a mí misma. *(Remarcando y confundiendo la c/z española.)* ¿Por fin te decidiste en llevarte esos zapatos azul cielo, precioza?

AILÍN: Y ahora con tanta zeta española, tía... Leti-zia a quien *ezcupez ez a loz demaz.* Es que no sé... si... Esto... si... Yo... voy a poder... manejarme con la suficiente soltura...

TÍA BEA: Pero, nena, si en esta semana hemos metido en la nueva operación Tsunami a cinco vecinos del barrio.

AILÍN: Eran tres viejitas que no se daban cuenta de nada. Y que alguna pensó que era un préstamo para pagar la luz. Ya me están pidiendo que les devuelva los doscientos euros. Me da mucha vergüenza encontrármelas. Ya ni por el parque paso y subo de puntitas por su puerta.

TÍA BEA: No las subestimes. Eran tres nuevas inversoras con sentido de empresa que se han incorporado al proyecto Tsunami y que han firmado un documento de fidelización. Con ellas hemos escalado dos peldaños. Ya has visto el interés que han rendido los 500 euros que invertimos hace dos semanas. Se han multiplicado por cuatro. Dos mil euros en dos semanas. Si conseguimos cerrar esta semana con cuatro inversores más, el mes que viene, nos podemos llevar la zapatería entera o comprarla.

AILÍN: ¿Estás segura, tía, de que esto es un negocio totalmente legal?

TÍA BEA: Sí, nena, seguro segurísimo. Legal. Absolutamente legal. Tan legal como respirar. Pero ahora tenemos que diversificar nuestro "nicho" de inversores.

AILÍN: No te termino... de entender... tía. ¿Los vamos a enterrar en el Cementerio Sur?

TÍA BEA: Escucha. ¿De verdad, que me estás escuchando? Mira que llevar al Che y a Fidel tatuados encima de la chucha. Y no estaría mal que los soplaras a ver si te los abduce la concha. La semana que viene te podrás comprar cien pares de zapatos y estrenar todos los días unos nuevos. Mírame a los ojos y deja de mirarte los tatuajes revolucionarios.

AILÍN: *(Posible interrupción.)* Te escucho. Te estoy mirando. Te estoy mirando a los ojos.

TÍA BEA: Ayer me preguntó por ti por quinta vez, Alfredo, el director del gimnasio.

AILÍN: Pero es que a mí ese hombre... No me gusta cómo me mira ni cómo me habla ni su olor a oveja triste.

TÍA BEA: No te estoy pidiendo que te vayas a la cama con él ni que sea el padre de tus hijos. Me dijo que estaba buscando una profesora de salsa para su gimnasio. Seguro que te paga 50 euros la hora.

AILÍN: Ya me lo dijo. Me lo dijo susurrándomelo al oído con su aliento de hiena solitaria. Me trató de ... No quiero volver a verlo más. Me duele el cuello de... hacerle la cobra.

TÍA BEA: Ese hombre está forrado. Si conseguimos integrarlo como inversor preferencial tipo A escalamos cuatro peldaños y quintuplicamos en una semana la inversión actual.

AILÍN: Ni sé bailar salsa, tía Bea.

TÍA BEA: ¿Cómo que no sabes... ? ¿Y tu noviete cubano tan revolucionario no te enseñó ni un mal paso? ¿Y los tres meses que estuviste en Cuba con tu papá para qué te sirvieron?

AILÍN: Fuimos a un seminario sobre el Che. Mi papá tampoco sabía bailar salsa. Tampoco mi novio cubano sabe bailar ni un paso. No todos los latinos tenemos el ritmo en el cuerpo.

(Suena España camisa blanca en el celular de Ailín, que se ha apartado de su tía mientras amaga distraída un baile lánguido, torpe y contrahecho.)

TÍA BEA: *(Se adelanta.)* Mira, quién está ahí. La dueña de la peluquería. La señora Mercedes. Vamos a decirla lo monísimo y elegante que es su vestido y a esta la captamos como inversora tipo C con zeta de España. Dile diez veces lo linda o mejor lo guapa y superguapa que está, aunque es tan fea, que cuando sonríe, parece que le duela la cara y en un concurso de feas, la descalificarían por fea. Manos a la obra. *(Reparando en el baile solitario y torpe de Ailín.)* Mirá no bailas tan mal, pero ahora deja de bailar esa canción, no sea que te caigas al suelo y nos caigamos todas rodando contigo. Mañana iremos las dos a ver a Alfredo para que te contrate en su gimnasio como profesora de salsa y de meditación.

AILÍN: No sé meditar ni relajarme. No he estado relajada ni cinco minutos en mi vida. Ni cuando estaba en la panza de mi madre. Ser argentina no ayuda a relajarse. Y la paso rebien con mis nervios, angustias, *estreses* y amarguras.

TÍA BEA: Eso es que no le has mirado bien a mi amigo Alfredo. Te acabará gustando.

AILÍN: No quiero que me lo pongas delante nunca más.

TÍA BEA: No te hagas ahora la estrecha conmigo. ¿Por un par de besos frustrados te vas a poner así?

AILÍN: No solo fueron dos besos frustrados. ¿Te quieres enterar de una maldita vez?

Escena cuarta

Faro mirador de Madrid en el barrio de Moncloa frente al Fascista Arco de la Victoria y el despoblado Parque del Oeste. Se alza a casi cien metros con una vista panorámica de sierras nebulosas al oeste, bloques de Facultades complutenses al este, avenidas, parques de pinos, Tía Bea y Ailín liban un helado de fresa. Un pañuelo pijo y ramplón les envuelve el cuello. Ambas calzan llamativas sandalias con borlas multicolores y blusas con extravagantes estampados como si fueran turistas trasnochadas y cinematográficas. La tía Bea luce un broche con la bandera rojigualda.

AILÍN: Pero si solo fue un cursito de un fin de semana, tía.

TÍA BEA: De sobra. Todos los argentinos somos psicólogos natos congénitos.

AILÍN: Hay algunos tan brutos, que prefieren no conocerse, para no salir corriendo. Yo soy periodista, no soy psicóloga.

TÍA BEA: Las consultas psicológicas las tenés que atender por teléfono. El paciente que te llame no va a saber si tenés el título flamante colgado en el salón. Charlas con él. Le dejás que se desahogue. Un viudo solo y desahuciado que suelte tres suspiros y dos blasfemias. Una adolescente desquiciada, que se cague en su noviecito y saque su mala baba. Una mujer maltratada, la orientás, le hablás con voz suave, le das el número de la mujer maltratada, delegás y listo. Es más escuchar y decirle, como en los entierros, mucho ánimo, la vida sigue, etc. etc. y etc. Mira, aquí te entró la primera llamada. Dale, respondé.

AILÍN: Pero cómo le voy a responder. ¿Estás loca? ¿Quién es? Y si es un medio tarado.

TÍA BEA: Hombre, si llama... muy bien no estará. Puede ser tarado completo. Es una mujer. Tienes suerte. Respira profundo y empatiza. Empatiza y respira profundo.

AILÍN: ¿Sí? Si, sí, sí... soy yo...

TÍA BEA: Soy yo la psicóloga Elena Quiroga.

AILÍN: Soy yo. La psico-quiroga -dígame. Ajá... ajá... ajá... ajá... ajá... ajá... ajá...

TÍA BEA: Varía el paso del tango. Dale algún diagnóstico. Que es psicótica paranoide y que necesita treinta sesiones telefónicas. Si toma el lote completo le rebajamos un 10%.

AILÍN: Bueno... y... Y... y... sí... eso... sí... sí... no... No sé... muy buena idea, no me parece... .y si no lo sabe abrir, mucho mejor. Hasta lueguito. Y que le vaya bonito.

TÍA BEA: ¿Qué tal tu estreno?

AILÍN: *(Ahogada.)* Era una tarada completa. No paraba de hablar. No paraba de aullar. Apenas entendía lo que decía. Se había metido dos cartones de vino o eso entendí, un litro de alcohol desinfectante y ahora quería abrir el desatascador del baño para tragarse el frasco, pero no podía abrirlo, porque el tapón estaba muy duro y no desenroscaba. Y aunque le había dado varios golpes y pisotones, el tapón no se abría. ¡¡No me vuelvas a hacer esto!!

TÍA BEA: Relajate, mirando el paisaje. ¿A que es de tarjeta postal?

AILÍN: Capaz me subiría a una cumbre nevada de aquellas a gritar a ver si se arma un alud que me enterrara y enterrara a todos los boludos que me recagaron la vida.

TÍA BEA: Haber aprovechado cuando Alfredito, el del gimnasio, te lo ofreció. ¿Qué tal ayer con él y sus amigos? Llegaste a las seis de la mañana. ¿Te la pasaste bomba?

AILÍN: No sé si me la pasé muy bien o no. Bebí más de seis whiskies, para soportar su charla de fútbol tan apasionante. No me acuerdo de casi nada. Lo tengo como borrado...

TÍA BEA: De algún cariñito de Alfredo, sí te acordarás. Ya lo tenemos como socio preferencial. No hace falta que te hagas más la dura con él. Puedes dar un salto cualitativo y ser más receptiva con él. Y más ahora que te regaló ese móvil de 600 euros. Mira, ahí tenemos unos turistas japoneses que sonríen hasta las moscas. Nos acercamos y los captamos como inversores emprendedores nicho sub 2 para la nueva operación "Tifón letal".

AILÍN: ¿Vos sabés japonés acaso?

TÍA BEA: No, pero tú te manejas en inglés como la Reina de Inglaterra.

AILÍN: Yo tengo mi inglés muy oxidado. Hace siglos que no lo hablo.

TÍA BEA: Y le sacas brillo practicando con estos japoneses.

AILÍN: Tía Letizia, estarán de paseo o de turismo... ¿cómo les puede interesar invertir en la operación Tifón sin que los conozcamos de nada? No sé ni cómo encararlos.

TÍA BEA: ¿No convencimos al chino del bazar, al pakistaní de la frutería, a tu amigo marroquí de la tienda de móviles, y a las travestis brasileñas del tercero y eso que seguro que están mucho más "full broken" que estos tíos, que deben nadar en un océano de yenes.

AILÍN: Por cierto, mi amigo está un poco arrepentido, y las travestis ya me han dicho tres veces que si no cobran la cantidad prometida pronto, que les devolvamos el dinero, que ahora sus clientes se van de vacaciones con la familia y se quedan en bolas.

TÍA BEA: Y les dices a esas dos zorronas de manos grandes con bigote, que si apoquinan otros trescientos euros, las sacamos del puterío, y pueden abrir una peluquería o un sex-shop o ponerse unas tetas más aparentes y más firmes.

AILÍN: Muchos vecinos me piden explicaciones. No sé qué decirles ni qué cara poner. Ayer me insultaron en el portal. Y el pendejo del tercero me tocó el culo y me llamó puta.

TÍA BEA: Estamos en nuestro mejor momento. En la cresta de la ola del Tsunami y en el ojo del Tifón. Fíjate la de trapitos monos que has comprado en este mes. No te caben en el armario. Te has comprado cuarenta pares de zapatos. Y has cambiado hasta tu forma hippie y descuidada de vestir. Ya vistes como una señora de la calle Serrano. Ya solo falta que te lijes a Fidel y al Che de donde tu tripita pierde su digno nombre.

AILÍN: Antes yo ya me saco un ojo con esta llave y sin llorar ni una lágrima.

TÍA BEA: Y si te quitaras ese acento argentino y esas elles tan sonoras y deprimentes.

AILÍN: Yo soy porteña de pura cepa, hablo como porteña. No voy ahora a imitar la forma seca y antipática de hablar de los españoles.

TÍA BEA: Es que cuando hablás, parece que exageraras el acento. Te gusta parecer la más argentina. Que se note a diez kilómetros que eres la porteña más porteña y portentosa del mundo mundial. Es que los argentinos son tan de la concha de su madre que necesitan presumir de argentinos, no sea que los confundan con bolivianos o chilenos. Vamos que los japonesitos se nos ponen a tiro. Hello my Friends. Do you enjoy very very pero very in los Madriles? I introduce you Ailín, family, very family, Ailín. Vamos, coño, háblales en inglés y sobre todo sonríe como una muñeca. We invite you a fresquita beer very very? And we talk about bussines. You have one euro here... and tomorow three and other week six euros and more weeks, more very euros... ¿Cómo se dice doce?

AILÍN: Twelve.

TÍA BEA: Eso twelve and you rich very very pero muy very in september rich.

AILÍN: Tía Beatriz, te están mirando con cara de pasmo asiático. La mujer revisó el cierre de su bolso y lo agarra como a un bebé. Piensan que queremos robarles.

TÍA BEA: Y si no, here, unos tickets para el musical King Leon very nice and very musical en la primera fila. Very near very. Solo por twenty euritos cada ticket. Rebajado un 80%.

AILÍN: ¿También te dedicas a la reventa de entradas? ¿Cuántos negocios tienes en circulación? Aunque esos boletos parecen truchos.

TÍA BEA: Son de la semana pasada, pero les cambié la fecha. Y no se nota nada.

AILÍN: ¿Cómo te atrevés, tía Bea?

TÍA BEA: Mira, boluda, ya los has espantado. Hablas inglés... mucho mejor que yo. Al menos podías echarme una mano y tratar de venderles participaciones en el negocio. Estos japoneses están podridos de dinero y no saben en qué gastarlo.

AILÍN: Mi inglés no da ni para vender un euro por diez céntimos. ¿No te querés enterar? Lo tengo totalmente oxidado.

TÍA BEA: Como tu cerebro. Ya llevas un mes y medio viviendo a mi costa, a costa de la tía Letizia. Y en estas dos últimas semanas solo has captado una clienta. Una sola. Encima era la hija retrasada de la maestra, que le robó la guita a su madre y se lo he tenido que devolver todo céntimo a céntimo.

AILÍN: No creo que sea buena idea seguir con esto. Puede ser peligroso. Hoy me gritaron desde el balcón y me dijeron zorra sudaca timadora de mierda. Y luego me dijeron que cada cerdo tiene su San Martín. ¿Qué querían decir con eso?

TÍA BEA: Ya no hay vuelta atrás. ¿Te enterás? Y necesito que me devuelvas esos trescientos euros. Así que ponete las pilas y atiende las llamadas de psicóloga, que está entrando otra.

AILÍN: Atendela vos que tenés tanta labia e imaginación portentosa para los traumas de los españoles.

TÍA BEA: Ya colgaron.

AILÍN: Son los últimos que me quedaban y no voy a prestarte más dinero.

TÍA BEA: ¿Y todos esos zapatos y vestidos y bombachas y pañuelos y cremas y perfumes que te he comprado para que se te quite el olor a humedad mohosa del barrio de orilleros donde vivías? ¡¡¿Y encima que te presento a gente bien situada, a un gerente de una inmobiliaria y al director del gimnasio para que te lleven a restaurantes de lujo!!?

AILÍN: No hace falta que hagás más de celestina, tía. Yo sé buscarme los hombres que me gustan por mi cuenta. Y no vuelvas a ponerme delante al tal Alfredo y a sus amigos borrachos. Y se puede meter su celular de 600 euros por el orto.

TÍA BEA: Estarías trabajando en el gimnasio o en la inmobiliaria de secretaria o de psicóloga telefónica. Pero como cagás más grande y más alto que el culo, todo es poco...

AILÍN: ¿A cambio de qué?

TÍA BEA: ¿A cambio de qué? Decimelo vos...

AILÍN: A cambio de abrirme de piernas cada día... ¿verdad?

TÍA BEA: ¿Con cuántos muertos de hambre te has abierto de piernas en Buenos Aires? ¿Son suficientes los dedos de esta mano mía o necesitamos también los de la otra y si me apuras también los de tus dos manos?

AILÍN: *(Enconada.)* Aunque me haya cogido a 500 muertos de hambre allá, fui yo quien lo quiso y quien tomó la última, la última decisión. Fui yo quien los buscó. ¿Te queda claro o si querés te lo digo en inglés o en japonés?

TÍA BEA: Entra otra llamada de un tarado. ¿Es que no la piensas atender? (*Ailín se escabulle. La tía atiende la llamada).* Muy buenas. Doña Elena Quiroga al habla experta en crisis psicóticas, suicidios sobrevenidos y otras taras un poco raras. (...) No aquí no damos masajes de ese estilo. Habla con tu padre que seguro que te indica el lugar perfecto y hasta te acompaña. Buenas tardes desgraciado.

Escena quinta

En el cementerio Sur entre tumbas devastadas con epitafios y nombres borrados por el tiempo, la tía Bea camina nerviosa con un portafolios y vestida con traje oficina y Ailín la sigue confusa y dispersa entre los túmulos denegridos con un vestido formal. Van muy maquilladas, como si fueran a una entrevista de trabajo en un rascacielos.

AILÍN: ¿Qué se nos perdió en el cementerio, tía?

TÍA BEA: Ahora vas a ver, Sofía.

AILÍN: ¿Cómo? Yo no me llamo Sofía.

TÍA BEA: Desde hoy te llamarás Sofía. Como esa que está enterrada ahí.

AILÍN: Encima me pones el nombre de una muerta.

TÍA BEA: Mejor de una muerta, que de una muerta de hambre. Mira este de esta tumba se llamaba Clemente y la muerte no tuvo clemencia con él y seguramente murió de un catarro a los 32 años. Y esta, Virtudes, y su única virtud fue morir soltera a los 42.

AILÍN: Te sabés el curriculum vitae de todos los difuntos. ¿ Que hablás con los muertos?

TÍA BEA: Hace dos años venía aquí a relajarme. Y no te creas... me encontré con más de un viudo desconsolado que me hizo proposiciones.

AILÍN: ¿Y se pegaron tremendo apriete en homenaje a la difunta reciente?

TÍA BEA: Y... Puede que algo más que un apriete.

AILÍN: Qué lanzada sos, tía.

TÍA BEA: Alguno pasó del duelo y la languidez del alma a las alegrías y expansiones del cuerpo sin transición alguna. Cuando las ganas de coger aprietan, Ailín, ni el culo de los muertos se respeta. No te me hagás más la cándida.

Y ese mausoleo tan cuco de allí, lleva más de veinte años abandonado.

AILÍN: ¿Cómo lo sabés? Capaz vive alguna rata dentro.

TÍA BEA: Lo miré en el registro del cementerio. El último enterramiento tuvo lugar el año 1965. Pertenecía a la familia Orozco Basagoitia Goicochea Aguirre.

AILÍN: Con esos apellidos tan largos e impronunciables, igual les entró la depresión y se murieron todos.

TÍA BEA: Y con ese mausoleo y con tu ayuda hoy vamos a cerrar un negocio boyante.

AILÍN: ¿Yo qué tengo que ver con eso, tía?

TÍA BEA: ¿Querés llevarte dos mil euros en dos minutos? Eso no lo cobran ni las putas de lujo.

AILÍN: ¿En qué quilombo me querés meter ahora? ¿Ya te hice de psicóloga telefónica ocho veces? El último se dedicaba a envenenar gatos con bombones de licor mientras se autolesionaba la frente. Y me voy a volver reloca atendiendo a esos energúmenos.

TÍA BEA: Este mausoleo está abandonado desde hace cincuenta años. El último miembro de la familia Orozco Basagoitia Goicochea Aguirre se llamaba Sofía. Como vos. Y murió con 97 años y sin descendencia directa. Se supone que vos eres la sobrina nieta de Sofía Orozco Basagoitia Goicochea Aguirre y que querés vendérselo a una familia rusa que llevan solo tres meses en España. Se les acaba de morir la abuela y quieren enterrarla aquí.

AILÍN: Vos estás mal de la cabeza. Yo no pienso...

TÍA BEA: Tarde. Aquí está el nieto de la rusa. Mostrate sonriente y complaciente. *(Le estrecha la mano con rigidez empresarial.)* Muy buenos días, Boris. ¿Habla español? No se preocupe. Nosotras te hablamos despacito y buena letra para que todo esté muy claro. Te presento a mi sobrina Sofía Goicochea Aguirre Orozco Basagoitia. Ella es la dueña exclusiva de este mausoleo. Aquí tenemos todos los papeles en regla y con todos los sellos, autorizaciones del cementerio y del ayuntamiento. Y como te dijimos el precio final sería 18.000 euros con el IVA incluido. Como verás una absoluta y verdadera ganga.

AILÍN: Tía, no entiende la palabra "ganga".

TÍA BEA: Muy barato. Te hemos ajustado mucho el precio, porque teníamos prisa por venderlo. Mire qué cucada de mausoleo.

AILÍN: Tía no entiende la palabra "cucada" y tampoco la de "mausoleo".

TÍA BEA: Mire qué monada de tumba familiar. Ahí caben no solo tu abuela, sino tus hijos, tus nietos y tus bisnietos. Y qué lindo compartir la eternidad juntos, porque además los rusos sois muy familiares.

AILÍN: Tía, parece que eso no le gustó ni un pelo. Igual no se llevan muy bien todos los miembros de la familia. Y no tienen deseo de bronca póstuma.

TÍA BEA: El mausoleo está para entrar a usarlo. Amplio, acogedor y luminoso. Lo hemos reformado. ¿Cómo dice?

AILÍN: Dice que tienen que pensárselo.

TÍA BEA: Pero, Boris, si ya he hablado varias veces con tu madre y me ha dicho que le encanta este mausoleo tan tan tan bien situado y con tanto estilo y tanto carácter... Si os lo estamos casi regalando.

AILÍN: Dice que lo considera un poco demodé.

TÍA BEA: Pero fíjate el material, Boris. Mármol y alabastro. Esto ya no se hace. Ahora todo se hace con cemento barato.

AILÍN: Está hablando por el celular.

TÍA BEA: ¿Y con quien habla ahora el boludo? ¿Por qué se aleja diez metros y se hace el misterioso? Sonríe, sobrina y vamos a cerrar el negocio, que parece que habló con la familia y todo está resuelto. Y no dejes que me apriete mucho las tuercas. ¿Y qué, Boris? Ya resolvió. Y nada.

Basta con que firme solo estos documentos. Luego firma Sofía y... listo.

AILÍN: ¿Y por qué tengo que firmar yo? Yo no firmo ahí ni en pedo.

TÍA BEA: *(Murmura envenenada.)* Y puedes ser un poco más... más... prudente. Boris. Boris, cielo. Un par de firmitas y damos por cerrado el negocio. Traje aquí una botella de vodka. Enseguida la abrimos y brindamos los tres. Y si te he visto, no me acuerdo. *(Pausa.)* ¿Qué dice ahora?

AILÍN: Es que ellos parece que no se encuentran cómodos en un cementerio católico.

TÍA BEA: Pero, Boris, si este cementerio es muy abierto. Muy open minded. Aquí todo el mundo es bien recibido. Aquí tienes de todo: negros, blancos, chinos, ateos, suicidas, judíos y muertos anónimos en fosas comunes y es hasta gay friendly. Y ellos eran comunistas y los tenéis ahí a tiro de piedra. Colegas suyos.

AILÍN: Tía, esto parece que todavía le hace menos gracia. Ellos no quieren estar cerca de una fosa común con milicianos republicanos. Estos rusos ya se reconvirtieron en tremendos capitalistas.

TÍA BEA: *(Mirando sus documentos.)* Bueno, si queréis algo más sencillo y menos pretencioso, tengo tres tumbas, una a la vera de la otra y les saldría a mitad de precio. ¿Quieres que te las enseñe, Boris? Pero ahí tendríamos que esperar, y alguna todavía está alquilada... y hay que esperar al desalojo de los inquilinos.

AILÍN: Tía, ¿no ves que ya se fue?

TÍA BEA: ¿Por qué no me apoyaste, carajo? ¿Y te negaste a firmar? Eran papeles. Papeles mojados. Y los papeles se los lleva el viento.

AILÍN: Pero cómo iba a saber que vos tenías un negocio en el cementerio sur y encima totalmente fraudulento.

TÍA BEA: No es ningún negocio fraudulento. Vigila tus palabras.

AILÍN: ¿Es que acaso sos la dueña de ese mausoleo? O simplemente un día pasaste por acá, te gustó y decidiste quedártelo y pornerlo a la venta como si fuera un chalet adosado con vistas a la sierra.

TÍA BEA: Las cosas acá están muy difíciles y hay que buscarse la vida. Llevas aquí un mes y piensas que ya sabes manejarte. Esto es una selva y el que no corre, vuela.

AILÍN: Y por cierto, el otro día me desapareció una medalla de oro que tenía de mi mamá. ¿La viste, tía Bea?

TÍA BEA: *(Suena el móvil.)* Mira, aquí entra una llamada de una paciente de nuestro gabinete psicológico. Llamó como seis veces. Así que debe estar al borde del suicidio. Allo. Dígame. Sí al habla la doctora Elena Quiroga experta en crisis psicóticas, suicidios sobrevenidos y otras taras muy raras. Sí yo soy su asistente, pero trabajamos mano a mano. Así que si me quiere esbozar su problema. Aja. Ajá. Ajá. ¿Y desde cuando su marido no le mira a los ojos?

AILÍN: Capaz es ciego o es tan fea la mina que el pibe no quiere deprimirse más de lo que está. No, no. No me pasés. Te digo que no me pasés.

TÍA BEA: ¿Y tampoco le escucha ni prueba ninguno de sus guisos? ¿Estamos entonces ante un absoluto boicot conyugal perceptivo-sensorial? Ni le pregunto si la toca... ¿A nivel táctil y olfativo no hay mucho que hablar? ¿No? ¿Digo?

AILÍN: *(Le arrebata el teléfono a tía Bea.)* Mirá, flaca. Mucho mejor si no te mirá ni te tocá ni te escucha ni te huele, porque ayer estuve con un tipo repugnante que se llama Alfredo y tres de sus amigotes asquerosos y me obligaron a beber cinco whiskies y me metieron una droga en la bebida y aunque no me acuerdo de casi nada, estoy segura al 99% de que todos me miraron, todos me escucharon, todos me olieron, todos me tocaron y todos me chuparon. Cuando me levanté, estaba tan mal y tan avergonzada que no encontraba ni mi sombra. Y ni con diez duchas se me arrancó de la piel el olor a macho sudoroso de aquella banda de hijos de puta. Así que comparado lo mío con lo tuyo, flaca quejona llorona de mierda, lo mío es un tumor maligno en los riñones y lo tuyo, una verruga en la frente.

Escena sexta

En el salón exiguo de la casa de tía Bea en el barrio de Carabanchel. Tía Bea está mirando y hurgando en el bolso olvidado de Ailín. Entra Ailín con varios arañazos en la cara y la muñeca vendada y el vientre algo abultado. La tía disimula.

AILÍN: ¿Qué hacías, tía Bea?

TÍA BEA: Nada.

AILÍN: ¿Qué hacías, tía Bea?

TÍA BEA: Nada.

AILÍN: ¿Qué hacías hurgando en mi bolso?

TÍA BEA: Creía que era el mío.

AILÍN: ¿El tuyo, eh? Si el tuyo lleva la bandera de la madre patria. ¿Me das mi bolso? Gracias. *(Comprueba que no falta nada. Se oyen ladridos apagados.)* ¿Te has comprado un perro, tía Bea?

TÍA BEA: Lo encontré en la calle perdido. Me acompaña. Me acompaña más que vos, ahora que estás todo el día con tu nuevo amiguito ese. *(Pausa. Se miran.)* Le di unos chupitos de tu ron para que se calmara. Mañana te compro otra botella.

AILÍN: Y encima emborrachás al pobre perro. ¿Lo vas a convencer para que entre de socio emprendedor en tus negocios super rentables?

TÍA BEA: No te burles. Es un perro muy bueno y repiola. Me acompaña. Le cuento mis problemas y mis traumas. Me escucha. Leo en sus ojos el mal que hay en el mundo. Incluso rezamos juntos.

AILÍN: ¿Así que te sirve de psicólogo y de confesor espiritual? ¿Te vas a retirar a hacer ejercicios espirituales con el perro a la oficina central del Banco Nacional?

TÍA BEA: Más o menos. Me desahogo, ya que nunca estás en casa y últimamente estás tan poco colaboradora.

AILÍN: ¿Y le confesaste a tu socio perruno todas tus estafas y todos tus negocios sucios y todas tus deudas y tus malas artes de celestina? ¿Se mostró comprensivo lanzándote una mirada piadosa? ¿O le convertiste en tu nuevo compinche? Tía, porque eres de la piel del diablo y harías ladrar a un gato, maullar a un perro y cantar a una serpiente.

TÍA BEA: Dejá de lloverme insultos, si no es mucha molestia. Que bastante bajoneada estoy.

AILÍN: ¿Y todas esas alfombritas que hay en el cuarto... ? ¿De dónde las sacaste? ¿Qué pensás hacer con ellas? ¿Y esas plantas de ahí?

TÍA BEA: Lo que no te importa. ¿Has terminado ya con el interrogatorio?

AILÍN: Es que ahora al subir, me fijé que no había ningún felpudo delante de ninguna puerta. ¿Te robaste el felpudo a todos los vecinos y también las plantas? ¿No te basta con haberles arruinado?

TÍA BEA: Yo no les he arruinado. Por 500 euros. No se arruina nadie.

AILÍN: Para ellos puede que sea mucha plata. Y no quiero que me retuerzan la otra muñeca sana que me queda y me empujen más por la escalera.

TÍA BEA: Hablando de negocios... he visto en internet que hay un negocio muy boyante y que tiene mucho tirón en Japón... y que bueno aquí no se conoce apenas, y podíamos ser pioneras. El mejor negocio que he conocido nunca jamás. Dos euros los puedes multiplicar por mil o por dos mil. ¿Te imaginas un dos mil por ciento de beneficio garantizado y sin ningún riesgo?

AILÍN: Noooo. Por favor. Nunca más. Estoy cansada, estoy harta, enferma... de tus negocios quiméricos. No los soporto.

Yo no voy a poner ni un centavo más. Ni un pelo de mi cabeza ni una uñita de mi dedo ni un pellejo de mi piel ni un átomo de mi alma sucia.

TÍA BEA: No te va a costar ni un suspiro. Solo tienes que poner buena voluntad. Escúchame por lo menos y luego me dices... o te lo piensas. Sin poner nada, mañana puedes tener dos mil euros en el bolsillo. Puedes regresar a la Argentina en primera clase o traerte a tu novio cubano a España. Y llevarle a un parador nacional.

AILÍN: No sé qué mierda es un parador. La que tenés que parar de una vez y para siempre sos vos. Pará de soñar, tía Bea, que me vas volver loca. *(Pausa.)* ¿De qué se trata ahora? ¿De sacarles las muelas de oro y los anillos de boda a los muertos del cementerio y abrir una joyería?

TÍA BEA: Escuchame. Hay personas, hombres, que pagarían hasta dos mil euros, incluso más, si les regalas algo muy... muy... íntimo y personal. No hay que abrirse de piernas, sino más bien cerrarse. Descuida. ¿Te imaginás de lo que hablo?

AILÍN: No, tía Bea. Y prefiero no tener que imaginármelo.

TÍA BEA: Por una tanga o una bombacha de dos euros usado. Eso sí. Tiene que estar usado y bien usado... Usado a conciencia... y mejor si tiene... manchitas.

AILÍN: ¿Manchitas? ¿Manchitas de qué? ¿Manchitas... de... ? ¿Manchitas de mierda?

TÍA BEA: Manchitas... de sangre. Son las que se priorizan e implementan al alza en este tipo de inversión. No me contestés ahora, si no quieres. Es una moda que se ha extendido desde Japón. Alfredito, que viajó a Japón me dijo que allí hay hasta máquinas expendedoras de bombachas usadas.

AILÍN: Delirás, tía Bea. Y no me menciones más ese nombre tan sucio.

TÍA BEA: ¿Qué te cuesta, Ailín? Vos ni siquiera vas a ver a la persona. Se manda por mensajería o se las entregaría yo. Es totalmente aséptico. Incoloro, inodoro e insípido. Eso sí ayuda mucho que te hagas una foto con ellas en una postura sugerente y las tengas puestas tres o cuatro días seguidos para que cojan bien el... el... el... perfume.

AILÍN: ¿Pero te creés que soy tan cerda que voy a estar cuatro días sin cambiarme la bombacha?

TÍA BEA: Bueno, si eso te molesta, puedes estar un ratito cada día. A la hora de dormir o mejor cuando vayas a correr.

AILÍN: ¡¡¡¿Es el forro de mierda de Alfredo el que te pidió mis bombachas manchadas de... sangre?!!!

TÍA BEA: Sí, aunque él no es el que me hace la mejor oferta. Es un poco tacaño.

AILÍN: ¡Bueno, nada lo subastamos a ver quién da más!

(Se oyen las voces gritonas, airadas de las vecinas del inmueble.)

VOCES: ¡¡¡Letizia, Letizia, sinvergüenza, choriza, ladrona... !!! ¿Cuándo nos vas a devolver lo que es nuestro? Estafadora... tú y tu sobrinita la argentina que no tiene cara de romper un plato...

TÍA BEA: Esto resolvería todos los conflictos con los vecinos y nos dejarían en paz. Podríamos vivir tranquilas si entraras en razón y te dieras cuenta de lo lucrativo e inofensivo que es este negocio. En una semana hubiéramos saldado nuestras deudas, y obtendríamos un beneficio neto porcentual de 2.000 puntos sobre lo invertido.

AILÍN: ¿No te cansás, tía Bea? ¿No te asquea esta vida?

VOCES: *(Gritos fuera.)* Sois las dos unas ladronas, no tenéis lo que hay que tener... volver a vuestro país... a la selva... a la rama del árbol de donde os caísteis... ¡¡¡¡Nos tomáis por gilipollas... o qué!!!! ¡¡¡¡Chorizas, ladronas, estafadoras, no tenéis vergüenza!!!! ¡¡¡Y encima ni siquiera te llamas Letizia!!!! ¡¡¡Te llamaaaas Beatriz cara de lombriz!!!

TÍA BEA: ¿Vas a salir vos afuera a calmarlas y convencerlas de que no nos caímos de ningún árbol? Que somos tituladas universitarias. Que vos tenés la carrera de periodismo y yo la de Economía y Marxismo. Y que ellas son unas analfabetas, que no saben ni escribir su nombre en un papel.

AILÍN: Nuestras carreras no nos sirven de nada en España. Y para haber estudiado Economía marxista, bien que te has reciclado, tía Bea. Ahora pareces una adalid del mercado libre y el neoliberalismo de tercera regional.

TÍA BEA: Ayer me empujaron por la escalera y casi me rompen una pierna. Y a ti mira lo que te han hecho. Si seguimos así cruzadas de brazos, nos pueden matar. El hijo retrasado de la maestra el otro día me amenazó con una escopeta de perdigones. ¿No crees que es mucho lo que vamos a ganar por nada? ¿Lo haces por orgullo, pudor o por fastidiarme?

AILÍN: Mirá, ¿por qué no compras en el chino diez tangas transparentes y las untás con tomate frito o con dulce de leche?

TÍA BEA: Yo solo me comprometo a poner en marcha este negocio, si el producto es cien por cien genuino. No vale dar gato por liebre.

VOCES: ¡¡¡Y ahora encima nos choriceas los felpudos... y los colgajos de bienvenida.. y las plantas del portal... Devuélvenos... los felpudos... Es el colmo... hasta los felpudos... te llevas... ¡¡¡¡¡Y los tres rizos de Evita Perón que me vendiste cada uno por treinta euros, igual eran de tu potorro, ladrona!!!!! Vamos a llamar a la policía... para que te echen y te manden al trullo... ¡¡¡¡Abriiiir la puerta, sinvergüenzas, chorizas, ladronas, malas putas!!!!

TÍA BEA: Ailín, si no hacemos algo nos van a romper la cabeza, vamos a terminar en la cárcel y a ti te van a deportar en cuanto vean que tienes el permiso vencido. No estamos en condiciones de dejar pasar este tren. Te prometo que será lo último, lo último que te pida. Te lo juro por mi madre y mi hermano muerto en el 82. ¿Verdad, qué vas a colaborar en este negocio tan boyante, sobrina, y no me vas a dejar abandonada a estos cafres inhumanos?

AILÍN: *(Muy abatida.)* Tía Bea, cuando llegué acá, lo único que traía de equipaje era la palabra dignidad, pero vos conseguiste día a día, quitármela letra a letra.

TÍA BEA: La dignidad no quita el hambre de las dos de la tarde, Ailín, ni paga el alquiler a fin de mes ni salda las deudas pendientes con los vecinos ni te pone una maldita sonrisa en el espejo. Ni tampoco te salva de ahogarte en la miseria. Por cierto se te ve como más gordita.

(Pausa.)

AILÍN: Será porque estoy embarazada.

TÍA BEA: ¿Nooo? ¿En serio? ¿De Alfredito? Y mi más... sincero...

AILÍN: ¡Ni se te ocurra felicitarme! Y más con todo lo que me presionaste. No sé si es del cerdo de Alfredo o de cualquier otro español hijo de remil putas.

TÍA BEA: Hija, sí que has aprovechado bien el tiempo. Y yo pensaba que te mantenías pura e inmaculada como la Virgen de la Almudena. ¿Y qué piensas hacer?

AILÍN: *(Triturando las palabras.)* ¿Y vos que pensás que voy a hacer? Con tantas veces como me empujaron por la escalera los vecinos, va a salir con cara de imbécil, con la misma cara de retrasado de Alfredo y sus amigos. Así que no te atrevas a explicarme lo que significa la palabra dignidad.

Escena final

Parque Río en el sur sureño de los Madriles por donde discurre un chorro débil, ruin y desganado del Río Manzanares. La Tía Bea, con una fotocopia en donde se ve la foto borrosa de un perro extraviado y pelón y la petición de rescate y recompensa, habla con la supuesta dueña del perro. Tanto el falso perro como la dueña apócrifa se asigna a alguien del público.

TÍA BEA: Señora, pero mírelo bien. Mírelo... ¿Lo está mirando bien? Este perro es igual al de la foto del rescate del club. Igualito. Es su perro. Su propio perro. Mírelo. Si parece que se sale del retrato. Y tan necesitado de cariño y tan agradecido y tan desamparado. Bueno, y le habrá crecido el rabo, si antes no lo tenía. Después de dos semanas perdido, y por el estrés... le ha tenido que crecer el rabo y hasta los colmillos del hambre que ha pasado. Y además, llámelo, llámelo por su nombre. ¿Se llama Carlos Saúl, no? Y, cuando uno le llama Carlos Saúl, mire, cómo agita el rabo... Como un cascabel. Los mismos ojos aviesos, el mismo color tostado, el mismo hocico codicioso. Si le mira con ganas de lamerle hasta la cartera. ¿Ah, así que su perro era hembra? Y este... un poquito... mariconcito de la concha de su madre... sí que nos salió... Que cada vez que ve una hembra sale corriendo y le gusta restregarse contra los doberman macho. Bueno, ¿no se lo quiere llevar por la mitad de la recompensa prometida? Y pobrecito. Lo tendré que tirar al río Manzanares. Y se lo van a devorar en dos bocados los patos y las ratas.

(Se acerca Ailín silenciosa, mientras tía Bea habla por teléfono y tira sin mirar e indiferente el perro al río Manzanares.)

¿Qué tal, Alfredito? Mi ángel. My bisnes ángel. ¿Cómo estás? Esta tarde mismo te llevo tu nuevo pedido. De todas las formas, clases, texturas y colores. Sería *great, superb* que siguiéramos adelante, y para atrás ni para coger impulso, con nuestra *innovated startup* de las máquinas expendedoras de ropa interior usada very very renteibol very. Si pudiéramos conseguir la licencia para poner las máquinas en el metro, en las cafeterías, en la universidad, en las oficinas de correos, en los juzgados, en los hospitales, sería genial. ¿Has hablado ya con tu primo, el amigo del concejal de Igualdad? Y por supuesto, *of course,* que si vemos que funciona, ponemos máquinas expendedoras de calzoncillos y hasta de calcetines. Hay que buscar en esto la igualdad y la paridad absolutas. Lo último es que nos acusen de machistas de mierda. Parece que lo estoy viendo. En cada esquina de la ciudad de Madrid, en cada boca de metro, una máquina expendedora de bragas y calzoncillos reciclados con un amplio repertorio de manchitas para todos los gustos, edades, razas, credos, y clases sociales. Bueno, chaíto. Cuídate mucho, amor.

AILÍN: Buenas, tía Bea.

TÍA BEA: *(Seca.)* Hola.

AILÍN: Acá te traigo las llaves de la casa. Dejé toda la ropa y los zapatos en tu cuarto.

TÍA BEA: ¿Vuelves para Argentina?

AILÍN: Por el momento estaré unos días en casa de una amiga y después voy para Cuba.

TÍA BEA: ¿De turismo? Con esos tatuajes de Fidel y El Che capaz que no te pidan ni la visa.

AILÍN: Regreso con Adán, mi novio, si es que llego a verle. Lo han detenido por escribir en un baño de la Facultad *Si la mierda valiera su peso en oro, los cubanos naceríamos sin culo*. Tiene un amigo que dirige un diario online en la Habana y podría trabajar allá, haciendo reportajes mientras trato de sacarle de la cárcel.

TÍA BEA: En qué quilombo te quieres meter ahora, Ailín. No te vayas por favor. Te necesito aquí conmigo. ¿Dónde vas a estar mejor que en España? En la madre patria.

AILÍN: ¿Y qué encontré acá en España? Las tres semanas que trabajé de camarera 70 horas a la semana ni siquiera me las pagaron. Ni siquiera conseguí homologar el título. Sinceramente no. No me puede ir peor de lo que me ha ido en la madre patria. ¿Este es el río Manzanares? ¡¿Vaya porquería de río, no?! No te puedes refrescar ni los pies.

TÍA BEA: Por algo hay que empezar. Y deja de insultar al Manzanares. Esta es la ciudad que me ha acogido y me ha dado nuevas oportunidades. Y yo me siento madrileña y española hasta las trancas. Y también puede haber las mejores oportunidades para ti. Mira. Ya lo conseguiste. *(Ella le entrega un certificado que Ailín mira sin dar crédito.)* Solo falta enmarcarlo... Es tu certificado. Tu título de periodista convalidado acá en España.

AILÍN: Pero... pero... pero... esto... Este título es ... ¿Es realmente auténtico?

TÍA BEA: Claro, que es auténtico. ¿Cómo lo dudas?

AILÍN: ¿Seguro seguro seguro... que es... ?

TÍA BEA: No lo mirés tanto, que lo vas a gastar. Por supuesto que... Y si no es auténtico cien por cien, se le parece. Y si esto no te funciona. Acá tenés el resguardo de matrícula para hacer un master en periodismo de barrio que me costó buena plata.

AILÍN: Te lo agradezco, pero ya tengo el boleto para Cuba. Un poco tarde ya. Gracias, tía Bea. No te tenías que haber molestado.

TÍA BEA: ¿Y qué pasa si te detienen por escribir contra el gobierno?

AILÍN: No me detendrán. No se atreverán con una extranjera. Y no voy a hacer crónica política. No creo que pueda sentirme más prisionera, como me he sentido acá con tus negocios quiméricos y absurdos. Y sobre todo tan avergonzada... y tan indigna.

TÍA BEA: Eres una desagradecida. Y una malcriada. ¿Qué te apuestas que en un mes estás de vuelta de rodillas y llorando para que te meta en mi nuevo negocio? ¿Piensas que yo me dedico a esto por gusto? ¿Qué me gusta vivir de esta forma... de trapicheo en cambalache? ¿Me preguntaste alguna vez lo que hice acá para ganarme la vida dignamente? Estuve trabajando de mesera en un bar durante dos años por 400 euros al mes, y me pagaban, cuando me pagaban, tarde, mal y nunca. Luego... de cajera en un supermercado, pero a los seis meses me echaron por una colombiana de 17 años que le ponía al jefe... Más tarde repartiendo folletos en el subte... Después... de ryder en una bicicleta oxidada con lluvia, sol y nieve hasta que me rompí la cabeza un día a las tres de la madrugada contra un semáforo, ¿Sigo? Y lo último... de portera en una casa de putas... Y ese fue el mejor trabajo, porque las putas me regalaban bombones y me daban conversación... y ahí conocí a Alfredo.

AILÍN: ¿Y querías que me empatara con un putero?

TÍA BEA: Bueno, tampoco era tan putero... Solo iba los viernes, menos los de Cuaresma. Y las chicas del club eran muy limpias. Se duchaban tres veces al día.

AILÏN: No quiero saber más... Además... Ahora ando apurada.

TÍA BEA: Estaremos en contacto. ¿Me llamarás o me responderás al teléfono? Si ves que en Cuba tiene entrada mi nuevo negocio de ropa usada... *(Imitando el acento cubano.)* Las mulatas salseras dan mucho juego cuando son de bandera. Ya vos sabés, mi hija, sabrosura pura y dura. *(Pausa. La toca el vientre.)* ¿Qué harás con tu hijo, Ailín? ¿Vas a abortar, verdad?

AILÍN: No lo tengo claro. Puede que lo eche a cara o cruz. Me tengo que ir. Tengo que hacer la valija. Que te vaya bien.

TÍA BEA: Y a ti que te vaya bonito. *(La abraza.)* Cuídate mucho, Ailín. Dame otro abrazo, hija, pero de verdad, no como tu título. A ver si se me pega algo de tu juventud y tu belleza.

AILÍN: Tené cuidado, tía Bea, no sea que te tiñás de india mapuche, después de darme tantos abrazos y ya no puedas presumir de española de pura raza y te deporten a Bolivia.

(Sale Ailín tratando de zafarse de los abrazos desesperados de la tía Bea. La tía Bea queda sola envuelta en un aura de desamparo. Se asoma al río Manzanares y se le vela la mirada de un brillo desvalido. Respira hondo y se muerde los dientes para tragarse los sollozos que ha contenido por mucho tiempo. Abre la bolsa impaciente y saca una enorme bandera española que le cubre todo el cuerpo. Dentro hay una tarjeta de Ailín que lee en voz alta. Ailín desde el fondo en off directo.)

Tía Bea, te dejo esta inmensa bandera española para que la cuelgues del balcón y puedas presumir de patriota españolista. Podés fabricar mil prendas íntimas con ella y venderlas a tus clientes. Tu sobrina Ailín, que te aprecia, aunque no tanto como apreciás vos a este país de todos los demonios que me hizo tan infeliz y me ahogó en un pozo de angustia. A este país al que vine con tantas ilusiones y en el que no encontré el rastro perdido de la felicidad.

Solo te faltó inventarte un negocio de botellitas de cristal en donde embotellarla, en donde guardar las burbujas de la felicidad. Espero no volver más. Aunque quién sabe.

TÍA BEA: ¿Y de dónde yo cuelgo esta bandera tan grande si ni balcón tengo para colgarla... ? ¿De dónde demonios cuelgo yo esta bandera? ¿De dónde... cuelgo... yo... ? Aunque ahora... que lo dices... ahora que lo dices... lo de las botellitas de cristal para guardar... unos gramos... unas burbujas... de felicidad... cuando... eso... cuando una esté con el alma hundida como unas bragas viejas... para guardar unas pompas... de felicidad... no es ninguna tontería... Un botella de cristal llena de burbujas de felicidad. Ahí sí que se abre un negocio muy muy muy... Un negocio muy rentable... y muy prometedor.

La tía Bea desenrolla y estira la bandera interminable hasta que esta le va ahogando y se hunde en ella como si la tragara un voraz monstruo marino. Se podría oír la canción España, camisa blanca de mi esperanza, en la voz de Ana Belén mientras el aire se llena de burbujas de la felicidad que ella trata de embotellar en una sucia botella de cristal tirada en el suelo.

LAS PATRIAS ILUSORIAS se estrena el 5 de julio de 2024 en la sala Jufré en la ciudad de Buenos Aires y luego realiza una gira por España en Noviembre de 2024.

AILÍN **Priscila Abitbol**

TÍA BEA **Adriana Spina**

Dramaturgia y Dirección **Alberto de Casso**

Alberto de Casso Basterrechea nace en Madrid en 1963. Es licenciado en Filología Hispánica por la Universidad Complutense. Entre 1993 y 1997 ejerce como lector de español en la Universidad de Ghana. Fruto de esa experiencia escribe su obra *Harmattan*, crítica al despotismo neocolonial, publicada por Hiru en 2000. El año 1999 gana el premio **Calderón de la Barca**, con *Los viernes del Hotel Luna Caribe*, obra representada en España y Cuba. Después ha recibido otros premios como **Lope de Vega** 2008, con *Y mi voz quemadura*, el Premio **Escena contemporánea** 2009, con *El cuerpo oculto*, dirigido por Gerardo Vera en el CDN en abril de 2011, el premio **Alejandro Casona** 2009, con *La novia póstuma*, y el Premio **FATEX 2009** con la obra, *Devastación*. En noviembre de 2011 obtiene **el premio Beckett** con *La seducción del eunuco*, obra que invierte el mito de Pigmalión.

En abril de 2008 estrena en el teatro Bertolt Bretch en la Habana su obra La lengua muerta por la compañía El Buscón y que se repondrá en mayo de 2015 en el teatro El sótano con dirección en ambos casos de Simón Carlos. El 26 de octubre de 2012 estrenó *Tres mujeres en África* por la compañía Lagrada con dirección de Miguel Torres y el 1 de noviembre de este año *Y mi voz quemadura*, premio Lope de Vega 2008, por el grupo Serendipia con dirección de Paloma Pérez Montoro que participó en el prestigioso festival Dferia (Donosti) el 19 de marzo de 2013.

El 15 de noviembre de 2013 estrena en el teatro Lagrada, *Raquel y Rachid*, con el grupo Antagonía obra escrita y dirigida por él. La obra se ha presentado en catálán en diferentes salas alternativas de Barcelona y el 13 y 14 de junio se repone en el Teatro del Barrio en Madrid su obra *Lo que no se enseña*, que plantea el conflicto del velo islámico en la escuela pública editada por Assitej. El 23 de octubre de 2014 estrenará en el teatro Fernán Gómez su comedia *Grisaldi o el novio eterno* con dirección de Lidio Sánchez Caro y producida por Antagonía teatro. En otoño de 2014 añade a su trayectoria teatral los siguientes premios, **Premio Lam de la Sgae** con *La tarde muerta;* Premio AAT con *Viaje a la ceniza;* **Premio Calderón de Valladolid** con *El ciclista utópico*, obra que se estrenó en en el teatro Calderón de Valladolid en abril de 2017 con dirección de Yayo Cáceres y se repuso en el teatro Galileo de Madrid en abril de 2021.

Ha colaborado con obras breves en varios volúmenes de *El tamaño no importa* (A.A.T.). En la Habana ha estrenado ya tres obras, *La lengua muerta*, por la compañía El Buscón, *Viaje a la ceniza*, premio AAT 2014 estrenada en julio de 2017 y *La seducción del eunuco en 2018* por la compañía Gaviota y dirigida por Lilian Dujarric. *Su montaje Cuatro Historias Truncadas se ha representado en Madrid y Zaragoza.* En diciembre de 2018 ganó el **Premio Buero Vallejo de Guadalajara** con su obra *Vorágine 123321*. En abril de 2019 publica *La mala herencia* editada por Ediciones Invasoras y se estrena el 13 de diciembre de 2020 en la sala Lagrada en Madrid. Sus obras se han representado en España, Chile y Cuba.

Su última obra publicada fue *La carretera de los huesos*, con Ediciones Invasoras. Sus obras se han representado en España, Chile, Argentina y Cuba, y ha coordinado junto a Julio Fernández libros colectivos como *La patria de los parias* o *Y no regresaron a sus casas*.

Y ha sido traducido al inglés, gallego, portugués, catalán y polaco.

Esta obra nunca se hubiera escrito sin la impagable ayuda y aportaciones de estas cinco actrices que me ayudaron a que las palabras sean y suenen genuinamente argentinas:

Adriana Spina

Priscila Abitbol

Sara Torres

Tulum Bayugar

Antonella Mastrapasqua